Annie Reniers

Buchstabenlicht
Letters van Licht
Letters of Light

world internet books
Duisburg am Rhein – Antwerpen 2012

Annie Reniers

Buchstabenlicht
Letters van Licht
Letters of Light

Inhalt
Inhoud

I
Liefde * Liebe

je hoort je stem... 8
du hörst deine stimme 9
wees zachter zegt de taal... 10
sei sanfter sagt die Sprache 11
je glijdt door een tijd... 12
du gleitest durch eine Zeit 13
verlaten rekt de rivier... 14
verlassen reckt der Fluß seine Felsen 15
het vuur van de stem... 16
das Feuer der Stimme 17
ontvang het licht... 18
empfange das Licht 19

II
LICHT

omdat alle woorden… 22
weil alle Worte 23
boven de zweep-adem... 24
über dem Peitschenatem 25
huizen in een andere huid... 26
hausen in einer anderen Haut 27
vreemdheid van eigen taal... 28
Fremdheit von eigener Sprache 29
zo ver sta je... 30
so weit stehst du 31
de muur van het voorhoofd... 32
die Mauer des Vorderhauptes 33
aan de vier kanten... 34
an den vier Ecken 35
het licht speelt met zichzelf... 36
das Licht spielt mit sich selbst 37
glans is in het tussen... 38
Glanz ist im Zwischen 39
op de paden alleen... 40
auf Pfaden allein 41

III
Stap terzijde
Schritt zur Seite

de stap terzijde in de tijd... 44
der Schritt zur Seite in der Zeit 45

Content

I
LOVE

You hear your voice... 48

be softer... 49

you glide... 50

abandoned the river... 51

the fire... 52

receive the light... 53

II
LIGHT

because all words together... 56

the bird-silence... 57

inhabiting a different skin... 58

strange... 59

so far you stand... 60

the wall of the forehead... 61

to the four sides... 62

light plays with itself... 63

luminescence is in the in-between... 64

along the paths alone... 65

III
STEP ASIDE

the step aside in time... 68

BIO-BIBLIO 70

I
Liefde
Liebe

je hoort je stem
als de opdracht van een engel:
de andere in jou

het leven dat op handen wordt gedragen
draagt zichzelf op
het leed helt
over de bron
luisterend

wat tegemoet komt
straalt in rotsen neer
brandt in zich terug
als water van waterval
als spraak van geliefden
in het zijn

broer en zuster
in één lichaam
het woord
vindt
tot zichzelf
terug

du hörst deine stimme
als auftrag eines engels:
die andere in dir

das leben auf händen getragen
trägt sich selbst auf
das leid hält sich
über der quelle
lauschend

was entgegenkommt
strahlt in felsen nieder
brennt sich zurück
als wasser vom wasserfall
als sprechen von geliebten
im sein

bruder und schwester
in einem körper
das wort
findet
zu sich selbst
zurück

wees zachter zegt de taal
en laat de woorden drijven

vissen zwemmen in de ogen
wieren glijden door de hand

wat de regen doet
is dompelen

luister naar de zuchten
van het gras

de slaap van het verdriet
leert zinken

en het beeld zal opstaan
opstaan met ons

taalvergroeid

sei sanfter sagt die Sprache
und laß' die Worte treiben

Fische schwimmen in Augen
Seegräser gleiten durch die Hand

was der Regen tut
ist Dümpeln

lausche den Seufzern
vom Gras

der Schlaf des Verdrusses
lehrt sinken

und das Bild soll aufsteh'n
aufstehen mit uns

sprachenverwachsen

je glijdt door een tijd
waar geen tijd meer is
door stilte die geen
stilte kan genoemd worden

alleen wij kijken zonder kijken op
naar dit vleugelruim
met zijn voor ons gesloten
deurvleugels die voor jou altijd openstaan

hoewel het licht niet aanklopt
maar eerst vernietigt

maar jij doorloopt de klankenladder
met druppels zoutlicht
zilversubstantie

verkwikkend akkoord
tijdpijlen afvurend
voor een ogenblik vrede
in het heelal van onze geest

du gleitest durch eine Zeit
die keine Zeit ist
durch Stille die keine
Stille genannt werden kann

allein wir sehen ohne Sehen auf
zu diesem Flügelraum
mit seinen durch uns geschlossenen
Türflügeln für dich allzeit offen

obschon das Licht anklopft
aber zu allererst vernichtet

aber du durchläufst die Klängeleiter
mit Tropfen von Salzlicht
Silbersubstanz

erfrischender Wohlklang
Zeitpfeile abfeuernd
für einen Augenblick Frieden
im All unseres Geistes

verlaten rekt de rivier zijn rotsen
naverlangend

naaldstil een laatste wesp
in spichtig gras
vertelt

en wij
waaiend met het wuivende
vurig met het smeulende

in het ondergegane blauw
van wolken

we leggen het oor aan luistergras
en vernemen een hartslag
van ruimte

de vrijgegeven witheid
van een sterven

en een weerklank
in ander zijn

verlassen reckt der Fluß seine Felsen
zurückverlangend

tannennadelstill eine letzte Wespe
in dünnem Gras
erzählt

und wir
wehend mit dem Winkenden
feurig mit dem Glimmenden

im untergegangnen Blau
von Wolken

wir legen das Ohr ans Horchgras
und vernehmen einen Herzschlag
von Raum

die freigegebene Weißheit
vom Sterben

und ein Widerklang
im Andersein

het vuur van de stem
zonder woorden

het vuur dat de eik
omvat

het vuur van de lettertekens
in de lucht

ze zuiveren het hart
en zetten het lichaam om
in zang

hun tongen spreken alle talen
hun stralen meten de tijd

het vuur voert ons mee
en kent zichzelf
in ons verbonden zijn

das Feuer der Stimme
ohne Wörter

das Feuer das die Eiche
umfasst

das Feuer der Buchstabenzeichen
in der Luft

sie reinigen das Herz
und setzen den Körper um
in Gesang

ihre Zungen sprechen alle Sprachen
ihre Strahlen vermessen die Zeit

das Feuer nimmt uns mit
und erkennt sein Selbst
in unserem Verbund

ontvang het licht
in grijsheid

uit het binnensmondse
de heldere taal
die boven ons zweeft

stem die een weg vindt
in ons
woord van terugkeer

naar de eerste openbaring
van wereldopen
ogenblik

nooit meer bedolven
levend in leedkristallen
ijs en vuur

laat het licht dan stromen
onder hoger en tussen
tot een punt van hemelaarde
dat in zijn beweging
rust

empfange das Licht
in Grauheit

aus dem Binnenmundigen
die hellere Sprache
die über uns schwebt

Stimme die einen Weg findet
in uns
Wort von Rückkehr

zur ersten Offenbarung
von weltenoffenem
Augenblick

nie mehr verschüttet
lebend in Leidkristallen
Eis und Feuer

laß' das Licht strömen
unter höher und zwischen
bis zu einem Punkt von Himmelserde
der in Bewegung
ruht

II
LICHT

omdat alle woorden samen
gelijk aan één
geregen verbuiging van populieren

omdat alle kleuren in beweging
één volgehouden wenteltoon

omdat jouw gezicht
zich tot het mijne wendt

overkoepelt het ene licht het andere
grijpt één zomer in de andere
ligt ieder ogenblik in een boog van tijd

verlaat dit zijn de wereld
nog niet

weil alle Worte zusammen
gleich an einer
sich reihenden Verbeugung von Pappeln

weil alle Farben in Bewegung
ein durchgehaltener Wendelton

weil dein Gesicht
sich an das meine wendet

überkuppelt das eine Licht das andere
greift ein Sommer in den anderen
liegt jeder Augenblick in einem Bogen von Zeit

verläßt dies Sein die Welt
noch nicht

boven de zweep-adem
de vogelstilte
en dat het eigen geziene lot
ons onteigent in het heden

dat wij zelf de oogst
onder de molensteen worden
en ieder seizoen
de zeis over de huid
schroeiende sneeuw
en het hijgen van een hond
van jaar tot jaar

bezing dan niet
wijkende schoonheid
maar deze rijpende
pijn onder de nagels gedragen
en draag ze uit beide
tussen automatische gebaren
in de straten – een zaaier
verlichtend
de onzichtbare uitgeleide

über dem Peitschenatem
die Vogelstille
und daß das eigen gesehene Los
uns enteignet im Jetztsein

daß das ist die Ernte
unter dem Mühlenstein werden
jeder Saison
die Sense über die Haut
verbrennender Schnee
und das Hecheln eines Hundes
von einem Jahr zum anderen

besinge da nicht
weichende Schönheit
aber dieser reifende
Schmerz unter die Nägel getragen
und trage sie aus beide
zwischen automatischem Gebaren
in den Straßen - ein Saatmann
erleuchtend
die unsichtbare Ausgeleitung

huizen in een andere huid
wonen in vreemdheid
landen in verblinding

witte handen begroeten een berg
lippen overvliegen een meer
cirkelwegen omgeven een vuur

ogen liggen verborgen in schelpen
de onderzeese wenteling van de aarde
hier en morgen zijn wij vrij

hausen in einer anderen Haut
wohnen in Fremdheit
landen in Verblendung

weiße Hände begrüßen einen Berg
Lippen überfliegen einen See
Kreiswege umgeben ein Feuer

Augen liegen verborgen in Muscheln
die unterseeische Drehbewegung durch die Erde
hier und morgen sind wir frei

vreemdheid van
eigen taal
komt tegemoet
in verte van bladgroen

vochtig klinkt
het koper van klinkers
het woord groene vogels en herfst

deze lucht verguldt
vergoedt voor
dubbel lippengeweld
van uitheemse
spattende kracht

in keert de wortel
graf en grafiek
van sluitende tombe
gevel en geven een sluier
de taal waarin
en waardoorheen een adem
vrijuit gaat

Fremdheit von
eigener Sprache
kommt entgegen
in der Ferne von Blattgrün

feucht klingt
das Kupfer der Selbstlaute
das Wort Grünvögel und Herbst

diese Luft in Gold
bezahlt für
doppelte Lippengewalt
mit nichtheimischer
plätschernder Kraft

in sich kehrt die Wurzel
Grab und Grafik
mit sich schließendem Gewölbe
Giebel und Geben ein Schleier
die Sprache worin
und wodurch ein Atem
frei heraus

zo ver sta je
nabij in je sluier
van haren van lichte
gewelven doorbuigend

gegolfde afgrond
lianen smalle hemelse
lussen
jij met nauwelijkse
afdruk in de lucht

glijdend langs je wanden
kan de stem niet anders
dan groeten een hulde aan
weerklinkende holte

sprakeloos
stijgende herinnering in de val
inroeping hoor
de stede die ons wacht ginder

in de andere tijd
door de stem gevlochten
adem- ja
ademroep-
ruimte

so weit stehst du
nah in deinem Schleier
von Haar von leichten
Gewölben sich senkend

durchwellter Abgrund
Lianen schmal Himmels
Schleifen
du mit kaum
Abdruck in der Luft

gleitend langs deinen Wänden
kann die Stimme nicht anders
als Grüßen mit Huldigung an
widerklingender Hohlheit

sprachlos
ansteigende Erinnerung im Fall
Herrufung höre
die Stätte die uns erwartet weit weg

in der anderen Zeit
durch die Stimme geflochten
Atem- ja
Atemruf-
Raum

de muur van het voorhoofd
blinkt onder sterren
oninneembaar
waarheid woont goed

met kleur
van oude rozen
en ruïne

een engel soms
komt vandaag

en neemt van het gelaat
de tranen alleen

die Mauer des Vorderhauptes
blinkert unter Sternen
uneinnehmbar
Wahrheit wohnt gut

in Farbe
der alten Rosen
und Ruine

ein Engel manchmal
kommt heute

und nimmt vom Antlitz
die Tränen allein

aan de vier kanten
een vierkant
aan de uithoeken
een rechthoek

maar in het midden
een roep
in de holte
een uitroep

aan de oversteek
het uitroepingsteken
in het hart
de angst

an den vier Ecken
ein Viereck
an den Außenrändern
ein Rechteck

aber in der Mitte
eine Rufung
im Hohlraum
ein Ausruf

am Überstieg
das Ausrufezeichen
im Herzen
Angst

het licht speelt met zichzelf
door ons
door onze bouwsels
ons gehoor voor ruimte
de afgesloten en de open vorm
door de cirkel van de morgen
waarin de armen een vleugelwijdte vinden
voor het oog

het licht tast naar ons
met alle stemmen van de middag
die vrijuit gaan door bevrijde taal
geen zorg in dit kernpunt
van het zelfvergeten waarin nieuw
de tijd zich uit de tijd bevrijdt

en uit die trapsgewijze inwoning
legt het licht zich in de ster
die niemand toebehoort
die niemand ziet
en die ons leidt in medeleven
met geschenk van mededeelzaamheid

het licht dat tikt op stofdeeltjes
en in de oude teksten
waarin sprake van een cirkel en een maan
en eindeloos gaan zonder doel

dan het licht
te vinden

das Licht spielt mit sich selbst
durch uns
durch unsere Baustücke
unser Gehör im Raum
die geschlossene Form die offene
durch den Kreis des Morgens
worin die Arme ihre Flügelweite finden
fürs Auge

das Licht tastet nach uns
mit allen Stimmen des Mittags
die frei gehen durch entfesselte Sprache
keine Sorge in diesem Kernpunkt
vom Selbstvergessen worin neu
die Zeit sich aus der Zeit befreit
und aus der stufenweisen Einwohnung
legt das Licht sich in den Stern
der zu niemandem gehört
den niemand sieht
und der uns geleitet im Mitleben
mit dem Geschenk der Mitteilsamkeit

das Licht das tickt auf Staubteilen
und in den alten Texten
worin Sprache von einem Kreis, von einem Mond
und ohne Ende gehen ohne anderes Ziel

als das Licht
zu finden

glans is in het tussen
en in het ding
vooraleer het er is

terwijl takkenvingers het zonnegoud plukken
en het hoofd zich in de wolken
of in het geel van het blauw van de verte verliest

wacht de smaak op de appel
de tast op de schors
het zien op niets

en tussen twee mensen
een duister licht
op transparantie van vinden
van vreugde van zijn

Glanz ist im Zwischen
und in dem Ding
bevor es da ist

während Zweigefinger das Sonnengold pflücken
und der Kopf sich in den Wolken
oder im Gelb des Fernenblaus verliert

wartet der Geschmack auf den Apfel
der Tastsinn auf die Rinde
das Sehen auf gar nichts

und zwischen zwei Menschen
ein düsteres Licht
auf Durchsichtigkeit von Finden
von Freude vom Sein

op de paden alleen
kom je jezelf wel tegen
als ander
een witter ik
een kristallen ik

bestaande uit glinsteringen voor het oog
en woorden van nacht zonder einde

op zeker ogenblik
stond het op
als begeleider van de adem

niet ik niet ander
op weg
alleen

auf Pfaden allein
kommst du dir selbst entgegen
als Anderer
ein vollweißes Ich
ein kristallen Ich

bestehend aus Funkenwerk vor dem Auge
und Worten von Nacht ohne ein Ende

am bestimmten Augenblick
stand es auf
als Begleiter des Atems

nicht ich nicht Anderer
unterwegs
allein

III
Schritt zur Seite
Stap terzijde

de stap terzijde in de tijd
brengt ons terug

naar het onmiddellijke
van opstand en heropstanding

een vorm doemt op
van takken en lucht
grootmoedig in ontmoeting

en stilte
stilte baant zich een weg

rivieren vloeien uit een eden
vuren trekken door de eeuwen
voor een ei van warmte

schets
getekend naar niemands beeld

onvervalst
in letters van licht

der Schritt zur Seite in der Zeit
bringt uns zurück

zum Unmittelbaren
von Aufstand und Auferstehen

eine Form taucht auf
aus Zweigen und Luft
großmütig in der Begegnung

und Stille
Stille bahnt sich ihren Weg

Flüsse strömen aus einem Eden
Feuer ziehen durch Jahrhunderte
für ein Ei von Wärme

Skizze
gezeichnet nach niemandes Bild

unverfälscht
in Buchstaben von Licht

I
LOVE

You hear your voice
like the assignment of an angel
the other in you

life idolized
assigns itself
sorrow leans
over the source
listening

what comes to meet
radiates in rocks
burns back into itself
water of waterfall
speech of lovers
being

brother and sister
in one body
words
turn back
to
themselves

be softer says language
and let words float

fish swim in eyes
seaweed slides through hands

what rain does
is dunking

listen to the sighs
of grass

the sleep of sorrow
learns sinking

and the image shall rise up
rising with us

language intertwined

you glide through a time
which is timeless
through silence one cannot
call silence

only we look without looking up
at this space of wings
with its to us closed
wings of doors always open to you

although light doesn't knock
but first destroys

but you run through scales of sound
with drops of saltlight
silver substance

refreshing harmony
firing arrows of time
for a moment's peace
in the universe of our mind

abandoned the river stretches its rocks
still longing

needle-still a last wasp
in spindly grass
narrates

and we
blowing with the billowing
fiery with the smoldering

in the submerged blue
of clouds

we lend our ear to listening grass
and learn the heartbeat
of space

the freedom given whiteness
of a dying

and a resonance
in an other existence

the fire of the voice
without words

the fire that the oak
contains

the fire of the characters
in the air

they purify the heart and turn the body
into song

their tongues speak all languages
and rays measure time

the fire guides us along
and knows itself
in our connectedness

receive the light
in grayness

out of the mumble-mouthing
clear language
drifting over us

voice finding a way
to us
word of return

to the first revelation
of world open
moment

never again buried
alive in pain-crystals
ice and fire

let then stream the light
under higher and between
to a point of heaven-earth
which in its movement
rests

II
LIGHT

because all words together
equal one
threaded declination of poplars

because all colours in movement
one sustained whirling tone

because your face
inclines towards mine

one light becomes
a dome to the other
one summer spreads into the other
in every moment lies an arch of time

this being doesn't leave the world
yet

above the whip-breath
the bird-silence
and that one's own seen fate
dispossesses us in the now

that we ourselves become
the harvest under the millstone
and each season
the scythe over the skin
scorching snow
and the panting of a dog
from year to year

then don't sing
fading beauty
but this ripening
pain worn under the nails
and proclaim them both
between automatic gestures
in the streets - a sower
illuminating
the invisible valediction

inhabiting a different skin
living in strangeness
landing dazzled

white hands greet a mountain
lips fly over a lake
circling roads embrace a fire

eyes lie hidden in shells
the submarine revolution of the earth
here and tomorrow we are free

strange
own language
reaches
through aloof leafy green

moist the sound
of copper vowels
the word green birds and autumn

this atmosphere guilds
amends for
double lip-violence
of exotic
bursting power

back the root returns
in grave and graphic
of closing tomb
bearing and giving
a veil the language
in which and through which a breath
flows freely

so far you stand
near in your veil
of hair
of light vaults
sagging

undulating precipice
lianas narrow heavenly
lassos
you with barely
an imprint in air

gliding along walls
the voice can but
greet an homage to
the reverberating hollow

speechless
mounting memory in the fall
invoking hear
the stead awaiting us afar

in the other time
braided through the voice
breath- yes
breath call-
space

the wall of the forehead
shines under stars
unconquerable
truth lives well

with colour
of old roses
and ruins

an angel sometimes
comes today

and takes from the face
only the tears

at the four sides
a square
at the far corners
a rectangle

yet in the middle
a call
in the hollow
a cry

at the crossing
the exclamation mark
in the heart
the fear

light plays with itself
through us
through our constructions
our ear for space
closed and open form
through the circle of the morning
in which arms find a wingspan
for the eye

the light reaches for us
with all voices of noon
which go freely through liberated language
no worry in this nucleus point
of selflessness in which new
time liberates itself from time

and from this step by step inhabitance
the light folds itself into the star
which no one owns
which no one sees
and which leads us in compassion
with the gift of communion

the light ticking on particles of dust
and in old texts
speaking about a circle and a moon
and endless wandering without a goal

but to find
the light

luminescence is in the in-between
and in the object
before it is

while finger-branches pick the sun-gold
and the head in clouds
or in the yellow of the blue of distance looses itself

taste waits for the apple
touch for the bark
sight for nothing

and between two people
a dark light
for the transparency of finding
the joy of being

along the paths alone
one does meet oneself
as the other
a whiter me
a crystal I

consisting of sparkles for the eye
and words of night without end

at one point
it rose
as companion of breath

not me not other
on the road
alone

III
Step aside

the step aside in time
brings us back

to the immediacy
of revolt and resurrection

a form appears
of branches of air
magnanimous in meeting

and silence
silence cuts a road

rivers flow out of an Eden
fires rage through centuries
for an egg of warmth

sketch
drawn after no one's image

unadulterated
in letters of light

BIO
Annie Reniers (*Brüssel, 1941)

Ihre Texte gehen unter die Haut, sie sind auch auf Wanderungen geborene Philosophie, als Professorin für Sprache (Germanistik) und Ästhetik ist sie belesen und blickt auch deshalb auf ein reichhaltiges Werk. **Buchstabenlicht** ist ein dreisprachiges Werk der Dichterin aus der belgischen Hauptstadt und ein guter Einblick in das Schaffen von Annie Reniers.

Annie Reniers, Brussel, 14 mei 1941, dichteres, Professor in de Esthetica aan de VUB, ontving de eerste Hughues C. Pernath prijs voor haar hele oeuvre dat nu uit een twintigtal bundels bestaat, waaronder enkele in het Frans. Haar teksten zijn indringend, waarbij wandelingen in de natuur tot filosofische overwegingen leiden, geschraagd door haar grote belezenheid en menselijke kennis. Deze bundel biedt een overzicht van haar rijke oeuvre. Annie's werk is helder, straalt vol licht dat ze steeds weer opzoekt in leven en werk. Zij verlicht, verlucht de taal met geheimzinnig mooie woordvormingen en sobere zegging. Bij het vertalen van haar werk verleiden de rijke taal, het etherische en het erudiete tot bedachtzame langzaamheid. Dit biedt een liefdevolle uitdaging haar terug te vinden in het licht.

Annie Reniers (Brussels, May 14, 1941)

poetess and professor in Aesthetics at the Free University of Brussels, received the first *Hughues C. Pernath prize* for her complete work, existing today of about twenty books of poetry, some of them in French. Her texts are probing, while her walks in nature lead to philosophical musings supported by her wide reading and knowledge of the human soul. This book gives an overview of her rich oeuvre. Annie's work is clear, shines brightly in the light she looks for in life and work. She illuminates, rarefies language with mysteriously beautiful word formations and a sober style. In translating her work the rich language, the ethereal and her erudition seduce to thoughtful slowness. So it becomes a loving challenge to rediscover her in the light.

Übersetzungen ins Deutsch
FRED SCHYWEK (Duisburg/Rhein)
English translation ANNMARIE SAUER (Antwerp)
Die Übersetzungen sind durch Annie Reniers autorisiert. - De vertalingen werden door de auteur goedgekeurd. - The translations have been approved by the author.
Dank aan de uitgevers.

BIBLIO

Het ogenblik, Colibrant, Deurle, 1966 - **Gelijktijdigheid**, ibid., 1967 - **Tussenruimten**, ibid., 1969 - **Demain à Canaan / Morgen in Kanaän**, Espaces, Brussel, 1971 - **Le jour obscur / Wonen een feest**, ibid., 1972 - **Excentriques**, ibid., 1973 - **Van verte tot verte**, Colibrant, Deurle, 1973 - **Lointains**, Espaces, Brussel, 1975 - **Nauwe geboorte**, Colibrant, Deurle, 1975, '77 - **Exil ailé / Groene vogels**, Espaces, Brussel, 1976 - **Offerland**, Colibrant, Deurle, 1976 - **Dédale**, Maison Internationale de la Poésie, Brussel, 1980 - **Het woord gaat eigen wegen**, Orion-Colibrant, Beveren, 1981 - **Overvaart**, Dimensie, Leiden, 1982 - **Reeksen**, Jimmink, Amsterdam, 1982 - **Suicidaire / Overland**, Maison Internationale de la Poésie, Brussel, 1983 - **Gestalten van het eiland**, Dimensie, Leiden, 1984 - **Bestendig vuur**, ibid., 1986 - **Degressief**, Contramine, Antwerpen, 1986 - **Vingergewaad**, ibid., 1986 - **Vagantentaal**, Dimensie, Leiden, 1987 - **Vergeetader**, Point 14, Point vzw, Altea (Spanje), 1988 - **Wondeplaneet**, Contramine, Antwerpen, 1991 - **Buitensporig licht**, Leuvense Schrijversaktie, Leuven, 1991 - **Doorzichtig wachten**, ibid., 1992 - **Verlicht labyrint**, ibid., 1994 - **Luchtgeest**, Point 34, Point vzw, Altea (Spanje), 1995 - **Zoals het aanreiken van een zon**, Point 41, ibid., 1997 - Samenspraak, uitg. *P*, Leuven, 2000 (in samenwerking met **Emile De Keyser**, schilder) - **Ever**, egel, (echo), ibid., 2002 - **Grasschriftuur**, ibid., 2007 (in samenwerking met **Emile De Keyser**, schilder, en **Maureen Dobbelaere**, fotografe) **Enerzijds / L'autre versant**, ibid., 2009 (in samenwerking met **Nicole Verheyden**, grafica)

world internet books
wib.panorama - poetry for the world
Anthology - Anthologie - Bloemlezing

Grenzland
Werkbuch - Werkboek
*
Flußschiffahrt
Inland Waterways - Binnenvaart
Anthologie zur Kulturhauptstadt Europas Ruhrgebiet 2010
Cultural Capital of Europe 2010
*
ANTI
Anti-War Anthology Antikriegsanthologie Antioorlog
Bloemlezing
*
Hafenklänge - Havenklanken
Sounds of Harbour
Sons du Port
*
Die Liebe in Holland und Flandern
De Liefde in Holland en Vlaanderen
Love in Holland and Flanders
*
Global Night Car
Weltnachtauto - Wereldnacht auto
Experimental work book

world internet books

Job Degenaar
Ich bin - I am

*

Paul Gellings
Stem van de herfst - Stimme des Herbstes

*

Roger Nupie
Lighthouse - Lichthaus - Lighthouse

*

Annie Reniers
Letters of Light - Buchstabenlicht - Letters van Licht

*

Fred Schywek
Felsenleiter - Rockstairs
Weiße Mühle - Witte molen - White mill

*

Annmarie Sauer
Traces - Spuren - Sporen

*

Lucienne Stassaert
In one breath - In één adem - In einem Atemzug

*

Bart Stouten
Offenes Herz - Open hart - Open heart

*

world internet books
Duisburg/Rhein - Antwerpen - Hamburg

Herstellung und Verlag:
Books on Demand GmbH, Norderstedt
ISBN 978-3-8423-4379-5